DU
"CASUS NON EXISTENTIUM LIBERORUM"

DANS

LES NOVELLES DE JUSTINIEN

PAR

HENRY MONNIER

DOYEN DE LA FACULTÉ DE DROIT
DE L'UNIVERSITÉ DE BORDEAUX

Extrait des *MÉLANGES GÉRARDIN*

LIBRAIRIE
DE LA SOCIÉTÉ DU RECUEIL **J.-B. SIREY** & DU JOURNAL DU PALAIS
Ancienne Maison L. LAROSE et FORCEL
22, *rue Soufflot, PARIS*, 5e *arrdt*
L. LAROSE & L. TENIN, Directeurs

1907

DU

"CASUS NON EXISTENTIUM LIBERORUM"

DANS

LES NOVELLES DE JUSTINIEN

IMPRIMERIE
CONTANT-LAGUERRE
LVX VITAM
BAR-LE-DUC

DU
"CASUS NON EXISTENTIUM LIBERORUM"

DANS

LES NOVELLES DE JUSTINIEN

PAR

HENRY MONNIER

DOYEN DE LA FACULTÉ DE DROIT
DE L'UNIVERSITÉ DE BORDEAUX

Extrait des *MÉLANGES GÉRARDIN*

LIBRAIRIE
DE LA SOCIÉTÉ DU RECUEIL **J.-B. SIREY** & DU JOURNAL DU PALAIS
Ancienne Maison L. LAROSE et FORCEL
22, *rue Soufflot, PARIS,* 5e *arrdt*
L. LAROSE & L. TENIN, Directeurs

1907

DU

" CASUS NON EXISTENTIUM LIBERORUM "

DANS LES NOVELLES DE JUSTINIEN

On trouve dans les compilations de Justinien et dans les textes byzantins postérieurs, la mention d'un κάσος ou κάσον (1) ou κάσσον ἐξ ἀπαιδίας (2). Le mot *casus* signifie chute, accident imprévu (3). La mort étant le plus grave et souvent le moins prévu des accidents, le mot *casus* a pris aussi la signification de *mort*. Théodore d'Hermopolis, voulant indiquer une portion de biens à prendre en cas de mort, écrit : μέρος ἀπὸ τῶν κάσων (4). Pour désigner les gains que percevra le conjoint survivant on trouve l'expression : οἱ ἐκ τελευτῆς κάσοι ou plus simplement encore, οἱ κάσοι (5). Justinien, par exemple, dira : *maritus casum lucratur*, ou bien *dari casum stipulatus est* (6). On aperçoit maintenant ce qu'est le κάσος ἐξ ἀπαιδίας : simplement un profit revenant à l'époux qui survit sans enfants.

(1) Nov. II, 4; *Epanagoge Basilii, Leonis et Alexandri*, XIX, 5.

(2) *Jus græco-romanum* de Zachariæ a Lingenthal, III, p. 252. Cf. *Gloses nomiques*, Trésor d'Otto, III, p. 1751; *Epitome legum*, XXV, 16.

(3) Cf. *Vocabularium jurisprudentiæ romanæ* de Gradenwitz, Kuebler, Schulze, Helm, v° *Casus*. Dans le fragment de Phobenus publié par Zachariæ, *Geschichte des Griechisch-römischen Rechts*³, p. 96, n. 254, on lit : Η τοῦ κάσσου σημασία ῥωμαϊστὶ ἀποτυχίαν δηλοῖ.....

(4) V. *Anecdota* de Zachariæ, Leipzig, 1843, p. 11.

(5) *Ibid.*, p. 35.

(6) L. 31 C. J. V, 12.

L'histoire du *casus non existentium liberorum* est une longue histoire qu'on peut suivre, tant bien que mal, dans les textes, depuis le sixième siècle jusqu'au quatorzième. Dans la présente étude, forcément resserrée dans d'étroites limites, je me bornerai à rechercher quels renseignements fournissent à cette histoire les novelles de Justinien.

§ I.

Le principe général qui régit, au VIe siècle, le contrat de mariage, est celui de la liberté des conventions matrimoniales. Justinien écrit, à propos de la dot : *Si qua pacta intecesserunt vel pro restitutione dotis, vel pro tempore, vel pro usuris, vel pro alia quacumque causa quæ nec contra legis nec contra constitutiones sunt, ea observentur* (1). Cela est vrai aussi de la donation à cause de noces qui est, au VIe siècle, une contre-dot (2). Les parties contractantes pouvaient donc, par conventions, modifier l'application du droit commun quant à la dot et à la *donatio ante nuptias*. Leur liberté ne souffrait, en thèse, d'autres restrictions que celles commandées par les bonnes mœurs, l'ordre public, le but du mariage, la destination des apports, la dignité et la considération des conjoints (3). Rien n'empêchait donc de convenir, au contrat de mariage, d'un *lucrum* à prendre, par le conjoint survivant avec enfants, sur l'apport du conjoint prémourant. Ce *lucrum* conventionnel était comme le pendant du *lucrum* légal *propter liberos* perçu en cas de divorce (4). Rien n'empêchait non plus de convenir d'un *lucrum* en faveur du conjoint survivant sans enfants (τὸ ἐξ ἀπαιδίας μέρος) (5). Enfin rien n'empêchait de juxtaposer les deux

(1) L. 1 § 16, C. V, 13.

(2) L. 20 C. V, 3 : ... *nihil nomine et substantia distat a dote.*

(3) Paul, S. R., I, 6 : *Functio dotis pacto mutari non potest, quia privata conventio juri publico nihil derogat.* Cf. *Consultatio vet. jcti,* 4, 3.

(4) L. 1, § 5, C. V, 13.

(5) Cf. Julien, *Epitome Novellarum,* édit. Haenel, 1873, XXXVI, 14.

pactes. Papinien nous donne un exemple pour l'époque classique : *Inter socerum et generum convenit, ut, si filia mortua superstitem anniculum filium habuisset, dos ad virum pertineret : quod si, vivente matre filius obiisset, vir dotis portionem, uxore in matrimonio defuncta, retineret* (1).

Le pacte *non existentium liberorum* est resté longtemps confondu dans la foule anonyme des pactes nuptiaux. A l'époque classique, au Bas-Empire avant le VIe siècle, il vit d'une vie obscure et sans intérêt. C'est seulement Justinien, qui, mû par des motifs que nous ignorons, peut-être par cette considération que le *casus* ἐξ ἀπαιδίας atténuait les peines légales des secondes noces (2) et qu'une telle atténuation devait être autorisée par la loi, jugea nécessaire de fixer législativement au moins certaines conditions d'application de notre pacte. Et c'est pourquoi Justinien a pu dire, sans trop exagérer, qu'on lui devait d'avoir introduit le pacte *non existentium liberorum* dans la législation des Romains. L'a-t-il vraiment créé? Non, mais il l'a mis, par sa constitution, au grand jour de l'histoire; il lui a donné de vivre, non il est vrai sans de profondes transformations, pendant des siècles et jusqu'à la fin de l'Empire grec (3).

On voudrait avoir la constitution grecque de Justinien

p. 62. Le survivant trouvait dans le *lucrum* de quoi se consoler de la perte de son conjoint et de ses enfants. V. Fragment de Phobenus *sup. cit.* : Ἐδίδοτο δὲ οὗτος ὁ ἐξ ἀπαιδίας κάσσος παραμυθίας χάριν τοῦ περιλιμπανομένου μέρους· πρὸς γὰρ τῇ στερήσει τοῦ συζυγοῦντος μέρους καὶ τὴν ἐκ τῆς ἀπαιδίας λύπην ἕξει πάντως τὸ περιλειφθὲν μέρος. Cf. Nov. LXVIII, *præf.*

(1) D. XXIII, 4, 26 pr. Cf. Basiliques, XXIX, 24, Cyrille note que, dans le second cas prévu au texte, χώρα ἔσται τῷ ἐξ ἀπαιδίας πάκτῳ ; *Prochirum auctum*, VII, 12.

(2) V. *infrà*, § VI, *in fine*.

(3) Cf. Harmenopule, I, 9, 21; *Prochirum auctum* VII, 3, 8, 12, 17, 18, 24, 30, X, 6, XII, 50. Les citations qui précèdent prouvent qu'il ne faut pas accepter sans réserve l'affirmation : ὁ δὲ ἐξ ἀπαιδίας οὗτος κάσσος νῦν οὐ κρατεῖ οὔτε μὴν ἀπαιτεῖται, qu'on lit dans le fragment d'Eustathe Romain publié, d'après le Cod. Paris. gr., 1351, par Zachariæ dans sa *Gesch. d. G. R. R*[3], p. 96.

de casu orbitatis. Ce désir est d'autant plus vif que Justinien fait allusion à sa constitution toutes les fois que l'occasion se présente. Dans la Novelle II (535), ch. 2, il dira : « Ce pacte (le *pactum* ἐξ ἀπαιδίας), nous l'avons, le premier, introduit et sanctionné en rendant récemment une constitution le concernant »(1). Dans la Novelle XXII (536), ch. 45, § 1, nouvelle allusion. Dans la Novelle LXVIII (538) on trouve la mention de règles « récemment édictées(2) » et qui sont relatives aux biens dont se compose le *lucrum ex pacto orbitatis*. Cette constitution que l'on pouvait encore qualifier de récente en 538, nous savons que Justinien l'avait insérée en 534, dans la seconde édition du Code. Nous savons aussi qu'elle avait été placée au titre *de secundis nuptiis*, V, 9, et qu'elle y portait le numéro 11. On trouve en effet dans le bréviaire de Théodore d'Hermopolis, à la suite de quelques explications sur le droit de propriété que donne le *casus non exis. liberorum*, un renvoi à la Novelle II et à la constitution 11 du livre V, tit. 9(3). Cujas(4) avait très bien vu que la constitution de *casu* ἐξ ἀπαιδίας appartenait au titre *de secundis nuptiis*, mais il avait cru qu'elle portait le numéro 14(5). Charondas et, après lui, beaucoup d'éditeurs acceptèrent ce numérotage. Bien plus, utilisant l'*argumentum* de la constitution qu'avait proposé Cujas, Charondas proposa la restitu-

(1) ... κατὰ τοῦτο δὴ τὸ ἐξ ἀπαιδίας σύμφωνον, ὅπερ ἡμεῖς εἰσηγησάμεθα πρῶτοι καὶ νενομοθετήκαμεν ἔναγχος τὸν περὶ τούτου γράψαντες νόμον. Cf. Nov. II, ch. 1 : ... κατὰ τὴν ἡμετέραν διάταξιν...

(2) '... ἔναγχος ἐπηνωρθώσαμεν...

(3) *Anecdota* de Zachariæ, Leipzig, 1843, p. 41. Cf. *Sch. Basil.*, XXVIII, Sch. 31.

(4) *Expositio novellarum Constitutionum*, édit. Venise, 1758, XI, p. 898. Cf. Cujas, *in. tit.* 9, *lib. V. Codicis*, édit. Modène, 1781, IX. p. 435.

(5) On remarquera d'ailleurs que le chiffre 14 est donné par l'*Epitome legum*, XXV, 16 (*Jus Græco-Romanum* de Zachariæ, VII, p. 13). On y lit en effet ces mots : Ο δευτερογαμήσας τὰ ἐκ τοὺ πρώτου γάμου κέρδη τῶν αὐτοῦ παίδων προτελευτησάντων ἐχέτω καὶ ἐκδικείτω παρὰ τῶν ἐχόντων, ὡς νεαρὰ ξθ' (scr. ξη'), βι. ε'. τί. θ' διατ.ιδ' τοῦ κώδ. Il est vrai que Zachariæ ajoute en note : F. (Cod. Vindob jurid. gr. 3) *laudat* βι. ε' τοῦ κώδ. τί. β' διατ. ια'.

tion latine suivante bien souvent reproduite par les éditeurs postérieurs du Code de Justinien (1) :

Imp. Justinianus a. *Si filii, quorum parentes, ad secundas venerant nuptias, ante eos decesserint, proprietas lucrorum nuptialium ad filiorum heredes etiam extraneos testamento scriptos perveniet : deducto eo, quod in casum orbitatis parentem lucrari convenit, quod etiam pro rata orbservatur, uno ex pluribus filiis ante parentem mortuo. Sed si parens lucra nuptialia alienaverit, et ad secundas nuptias venerit, nec eum liberi heredem instituerint, valebit alienatio ad finem ejus, quod in casum mortis liberorum lucrari parens, qui alienavit, debuit, et reliquum revocabitur ab heredibus defunctorum liberorum.* Dat.

Dans quelle mesure cette restitution peut-elle suppléer, quant au sens, à la constitution grecque perdue, c'est ce qu'on verra plus bas.

§ II.

Le *casus n. exist. lib.* résulte, au vi^e^ siècle, d'une convention matrimoniale que les contractants sont libres d'insérer ou de n'insérer pas dans le contrat de mariage. Comme plus tard, à certaines époques de l'histoire byzantine, le *casus* sera imposé aux contractants, donc deviendra un *casus* légal, il n'est pas inutile de prouver qu'au temps de Justinien, le *casus* est conventionnel.

La preuve est dans les textes :

Dans la Novelle II, ch. 2, il est question d'un gain ἐκ τοῦ τῆς ἀπαιδίας συμφώνου. Au chapitre 4 de la même Novelle, le rédacteur emploie, il est vrai, le mot κάσος et non plus le mot συμφωνὸν, mais il est aisé de voir qu'il a en vue un profit

(1) Les mêmes éditeurs donnaient aussi le texte grec de la note précédente, mais sans reproduire les références, donc tel que l'avait jadis cité Ant. Augustin. Il est probable qu'Augustin, lui, avait pris le texte dans l'*Ecloga ad Prochiron mutata*, II, 39 (Zachariæ, J. G. R. IV, p. 73) où il n'est, en effet, accompagné d'aucune référence.

conventionnel. Justinien, en effet, explique dans le chapitre IV de la Novelle II par quels moyens il sera possible d'assurer l'exécution des *pactes* nuptiaux sans léser le droit des enfants. D'ailleurs en se reportant à l'analyse du texte faite par Athanase (1), on s'aperçoit que le juriste d'Emèse a, pour éviter toute ambiguïté, substitué le mot συμφωνὸν au mot κάσος. Julien est également très clair. Il a soin d'indiquer que le *casus* de la Novelle II dérive d'une convention : *tantam portionem lucretur* (le conjoint survivant) *quantam pepigerit instrumento dotis vel donationis habiturum se* (2). — On peut faire à propos de la Novelle XXII des remarques pareilles : au chapitre 26, c'est bien d'une convention (συμφωνὸν) établissant un gain de survie en cas d'*orbitas* qu'il est question, et Julien (3) illustrant le texte d'un exemple, écrit : *quædam mulier nupsit et pepigit cum marito suo ut...* Il est vrai qu'au chapitre 45 § 1 de la même Novelle XXII, le rédacteur nous apprend que la mère remariée dont les enfants prédécèdent conserve le *casus* ἐξ ἀπαιδίας, mais on ne peut douter que le gain de survie soit conventionnel, Athanase, dans son commentaire du chapitre 45, se servant indifféremment du mot κάσος et du mot συμφωνὸν (4). Dans la Novelle LXVIII, c'est encore le mot συμφωνὸν que Justinien emploie et Julien écrit à propos de cette Novelle : *Haec constitutio loquitur de liberorum morte, ut pacta dotalia, quæ ex casu mortis liberorum lucri aliquid... conferant, teneant* (5).

Enfin, si l'on veut bien se rapporter à la longue note que le réviseur de l'*Epanagoge* a écrite sur le titre XIX § 9 de ce recueil, on constatera que le scoliaste, très versé dans le droit de Justinien dont il expose les règles pour les opposer aux innovations venues de l'Ecloga et de la coutume, met, à

(1) X, I, V. *Anecdota* d'Heimbach, I, p. 113.
(2) *Epitome Novellarum*, const. II, 2.
(3) *Op. cit.*, XXXVI, 14.
(4) *Anecdota* d'Heimbach, I, p. 117.
(5) *Op. cit.*, Const. LXII.

plusieurs reprises, en relief, le caractère conventionnel du *casus n. ex. lib.* « La veuve, écrit-il, qui ne s'est pas remariée et n'a pas d'enfants prend, dans la *donatio a. n.*, ce qui a été convenu ἐξ ἀπαιδίας (1). » Puis, parlant de la femme remariée, restée sans enfants : « La mère prend sur les *lucra nuptialia*, en pleine propriété, la part *convenue* ἐξ ἀπαιδίας (2). » Voulant expliquer ce qu'est le *casus n. ex. lib.*, il débute ainsi : « Le *casus* ἐξ ἀπαιδίας consiste en ceci. Par exemple, il a été *convenu* que le mari mourant sans enfants, la femme gagnerait la moitié de la donation à cause de noces (3)... »

Ces citations suffisent à prouver que notre *casus* dérive d'une convention matrimoniale. Au temps de Justinien, point de convention, point de *casus n. exist. lib.* C'est, au reste, la règle pour tous les gains de survie (4). A défaut de convention fixant des *lucra ex dote* ou *ex donatione p. n.*, le conjoint survivant reprend son apport, et rien de plus. Le patrimoine spécial constitué, au début du mariage, pour subvenir aux charges de l'union (5), se désagrège quand l'u-

(1) *Epanagoge,* édit. Zach., p. 126, l. 3 : ... ὅσον συνεφώνησεν ἐξ ἀπαιδίας.

(2) P. 127, l. 5 : ... ἡ μέν μήτηρ τὸ ἐξ ἀπαιδίας αὐτῇ συμπεφωνημένον λαμβάνει κατὰ δεσποτείαν ἐκ τῶν γαμικῶν κερδῶν...

(3) P. 127, *in fine* : ... ἐστὶ δὲ τὸ ἐξ ἀπαιδίας τοιοῦτον· οἷον, εἰ συνεφωνήθη ἄπαιδος τελευτῶντος τοῦ ἀνδρος κερδῆσαι τὴν γυναῖκα τὸ ἥμισυ τῆς προγάμου τε δωρεᾶς...

(4) L. 29, C. V, 12 : *Ipsis etiam marito et uxore post matrimonii dissolutionem super dote et ante nuptias donatione, pro dotalium instrumentorum tenore, integro suo jure potituris.*

(5) Telle est l'opinion commune et déjà ancienne, V. Glück, *Ausf. Erlaüt. der Pandekten*, XXV, p. 285, n. 79. Löhr l'exposa avec détail en 1832 et 1833, dans l'*Archiv für civilistische Praxis,* XV, p. 431 et s. et XVI, p. 1 et s.; cf. XXVI p. 323 et s. Les opinions divergentes, ne manquent pas. Certains auteurs n'ont voulu voir dans la donation *a. n.* qu'un moyen de prévenir le divorce arbitraire ou coupable du mari par la crainte d'une perte pécuniaire; d'autres y ont vu un moyen d'assurer à la veuve une situation matérielle correspondante à celle qu'elle avait du vivant de son mari ; d'autres enfin ont mélangé, en dosages divers, tous les concepts qu'on vient d'indiquer. On consultera sur les donations *p. n.*, outre les traités ordinaires de droit romain, Buchardi (*Arch. f. civ. Praxis,* IX); Warnkönig, *Ibid.*, XIII; Francke,

nion se rompt, chacun des apports revient à l'époux qui l'a fait ou à ses successeurs (1).

Ibid., XXVI; Schott, *Die donatio pr. nuptias;* Esmein, *Mélanges d'histoire du droit*, p. 37-70; Dareste, *Journal des savants,* juin 1884; Momferrat, πραγματεία περὶ προγαμιαίας δωρεᾶς (avec le rapport intéressant de Paparrigopoulo qui tient lieu de préface); Brandileone, *Sulla storia e la natura della donatio propter nuptias.* Ce dernier auteur est un de ceux qui ont étudié avec le plus de finesse et de pénétration d'esprit la *donat. p. n.* Il en a donné, *op. cit.*, p. 95, une définition qui résume bien son originale, mais aventureuse doctrine : « La donatio p. n. è una donazione alla donna per il caso di vedovanza, la quale, a differenza della *donatio mortis causa* è irrevocabile ed è solo suscettibile di reduzione mediante un *pactum* che però non ha luogo quando il matrimonio si sciolga per divorzio colpevole da parte dell' uomo, e nella pratica sembra non avesse nemmeno luogo quando, alla morte del marito, la donna restava con figli. »

(1) Encore ici je suis l'opinion de Cujas (*Exposit. Novell.*, XXII, Venise, 1758, p. 938, 941 *b*, et *Recitationes solemnes in lib. V Codicis*, Modène, 1781, p. 406 *b*) et de Löhr, *Archiv. f. civ. Praxis*, XVI, p. 11. Cf. Momferrat, *op. cit.,* p. 188; Brini, *Matrimonio e divorzio nel diritto Romano*, Bologne, 1887, 1, p. 215. — Pour plus d'un romaniste et notamment pour M. Brandileone, même sous Justinien, la femme survivante gagne la *donat. p. n.* en entier, s'il n'y a pas eu de pacte *de lucranda donatione* restreignant l'acquisition à une portion de la donation. Ce n'est qu'en cas de survivance du mari que la *donat. a. n.* est un *proprium patrimonium mariti.* La donation *p. n.* se serait donc maintenue, sous Justinien, au degré de développement de la dot adventice avant 530 (V. *op. cit.*, p. 62). Celle-ci restait au mari survivant, celle-là appartenait à la femme survivante, bien entendu sauf pactes contraires. — J'avoue que les raisons habilement enchaînées et spécieusement déduites de M. Brandileone n'ont pu me persuader de penser comme lui. Ce pacte *de lucranda donatione* mis en usage après la loi de 439 (C. J. V, 9, 5) et avant celle de Léon de 468 (C. J. V, 14, 9) pour restreindre les droits de la femme veuve sur la donation *p. n.*, pacte en soi assez singulier, est rattaché d'un fil bien ténu aux constitutions de 368 et 382, C. Th., III, 5, 9; III, 8, 2. M. Brandileone argumente du silence des textes. On notera, en passant, que le silence des textes n'incommode pas notre auteur quand il veut soutenir, V. *op. cit.,* p. 41, que la *donatio in dotem redacta* était habituelle au vie siècle. Ce silence d'ailleurs est-il aussi grand qu'il le dit? J'accorde qu'on ne trouve pas *in terminis* la règle qu'à défaut de pacte, *soluto morte matrimonio,* la dot retourne à la femme, la *donatio p. n.* reste au mari. Mais parmi les textes que M. Brandileone a lui-même soigneusement catalogués, p. 69-72, plus d'un la suggère naturellement et même fortement,

§ III.

Quelle est la quotité du *casus n. ex. lib.*? Les novelles de Justinien ne donnent aucun chiffre. Elles se bornent à faire entendre que le *casus* sera une portion plus ou moins grande de la dot et de la donation *p. n.* Théodore d'Hermopolis n'est pas plus explicite. Sur la Nov. II, 4, il écrit : τὰ γὰρ ἕδνα (*donatio p. n.*) αὐτῇ (*mulieri*) διαφέρει κατὰ τὸ ἐξ ἀπαιδίας μέρος. Julien en général ne donne pas non plus de chiffres. Cependant on trouve, Constit. XXXVI, 14 un exemple concret : *Quædam mulier nupsit et pepigit cum marito suo ut, soluto matrimonio... si nulli liberi superstites fuerint, tertiam partem habeat.* Voilà un profit fixé au tiers de la donation *p. n.* Athanase (1) donne aussi l'exemple d'un *casus n. ex. lib.* au profit d'une mère, s'élevant à un tiers ou à la moitié de la donation. Enfin le Réviseur de l'*Epanagoge* de Basile, Léon et Alexandre est encore plus net : la femme prend dans la donation *ante nuptias* ce qui a été convenu ἐξ ἀπαιδίας, soit toute la donation, soit la part fixée. : ... ὅσον συνεφώνησεν... ἢ ὅλον αὐτῆς ἢ μέρος ὡρισμένον (2). Dans le courant de son exposition, le Réviseur suppose un profit fixé à la moitié de la donation à cause de noces ou de la dot. Vers la fin de la longue scholie *c* sur le

V. Novv. XXII, 20, 1; LXI, 1, 3; Cf. *Prochirum auctum*, VII, 27; Attal. Synopsis XIX (Leunclave, J. G. R., II, p. 25). Lorsqu'on lit dans une constitution, L. 29, C. V, 12; Nov. II, 4; Nov. XCVII, 1, que la femme prendra sur la donation *p. n.*, le mari sur la dot, ce que les pactes permettront de prendre, est-il d'une bonne interprétation d'entendre ces expressions en ce sens, que la femme prendrait toute la donation, à défaut de pacte, et le mari rien de la dot? Enfin, la Nov. XX de Léon le Philosophe témoigne encore en faveur de l'opinion que j'ai adoptée. Résumant le droit de Justinien en notre matière, Léon écrit : « A défaut de convention, chacun reprenait le sien. En cas de convention fixant le gain du survivant... la femme prenait la dot et ce qu'on appelle l'hypobolon (*don. p. n.*) soit en partie, soit en totalité, si telle était la convention : εἴτε τι μέρος, εἴτε τὸ ὅλον, εἰ οὕτω συμπεφώνητο... ».

(1) X, 2, *Anecdota* d'Heimbach, J, 117.

(2) Edit. Zachariæ, p. 126.

tit. XIX, 9 (1), comparant le droit de Justinien et celui de son temps, le Réviseur ajoute : « Aujourd'hui (σήμερον) les hom- « mes... ne prennent point ἐξ ἀπαιδίας la dot, ni une partie « ni toute (οὔτε πᾶσαν οὔτε μέρος αὐτῆς). Quant aux femmes, « presque toutes, sans conventions ou avec conventions, « en cas de prédécès du mari, gagnent ἐξ ἀπαιδίας la do- « nation à cause de noces en totalité ». Ne retenant de cet important passage de la note du Réviseur que ce qui intéresse le droit de Justinien, nous concluons que la quotité du profit résultant du *pactum n. ex. lib.* variait au gré des contractants. Le profit pouvait se réduire à peu de chose, il pouvait consister en une fraction notable de l'apport du conjoint prédécédé, il pouvait enfin absorber la totalité de cet apport.

§ IV.

Il importe d'examiner maintenant de plus près quel sera le bénéficiaire du *casus non existentium liberorum*.

D'ordinaire le contrat de mariage devra, s'il contient un *pactum orbitatis* pour la femme, en contenir un autre semblable pour le mari, et réciproquement. On sait en effet qu'au VIe siècle, des constitutions impériales ont édicté l'égalité des apports et des *lucra*.

C'est à la constitution *Leoniana* de 468 que Justinien fait remonter, pour l'empire d'Orient (2), cette législation égalitaire. Léon avait ordonné que les gains de survie du mari et de la femme seraient exprimés par une même fraction, un tiers, un quart, etc. Toute convention contraire était inva-

(1) Cette scholie est reproduite dans le *Prochirum auctum*, VII, 24.

(2) L. 9, C. V, 14. Ce texte, suivant la juste remarque de Löhr, *Archiv. f. c. I.* XVI, p. 2 n. 4, a dû subir quelque retouche, car il y est dit vers la fin, que la dot profectice ou adventice retourne toujours à la femme, ce qui n'est vrai que depuis la loi 1 § 6. C.V, 13 (530). Cf. L. 10, C. V, 14; L. 20 § 7, C.V, 3; Nov. XXII, 20; XCVII, pr.— Pour l'Occident, cf. Nov. de Valentinien III (452) (Mommsen et Meyer), XXXV (Haenel), XXXIV, 9 et Nov. de Majorien (458) VI, 9.

lidée (1). Justinien garda d'abord cette règle en la précisant. Si on a écrit des fractions inégales, la fraction la plus élevée sera ramenée à la fraction moindre (2). Si, la dot ayant été constituée avant, la donation *p. n.* était constituée pendant le mariage, il fallait obtenir la même égalité proportionnelle. La donation d'ailleurs ne pouvait excéder la dot (3).

Le mouvement d'opinion auquel répondaient ces mesures entraîna peu à peu Justinien (4). La Novelle II, 5 (535), la Novelle XXII (536), la Novelle LIII, 6, 2 (537) témoignent de ce que Justinien appelle « l'amour de la justice et de l'égalité ». En 539 enfin, Justinien, par la Novelle XCVII, édicte l'égalité absolue des apports et des *lucra* à prendre sur les apports. « Que dans les dots et les donations *p. n.* des pactes égaux « règlent ce qui est donné ou stipulé, que le mari écrive la « même quantité que la femme, qu'il stipule le même *lu*- « *crum*, et que les parts, fixées d'ailleurs au gré des contrac- « tants, soient égales... La loi serait vraiment ridicule si, « l'homme écrivant 2000 *aurei* alors que la femme en apporte « en dot, par exemple, 6000, les époux pouvaient stipuler « chacun, comme *lucrum*, le quart de ce qui a été écrit, en « sorte que, les *lucra* venant ensuite à échéance, la femme ne « gagnerait que 500 (c'est le quart), tandis que le mari, pour « le même quart, gagnerait 1500. Quelle énigme! le quart « plus grand que le quart!... ».

La Nov. XCVII, *præf.* et ch. 1, pourrait facilement être entendue en ce sens que, dans le système léonien qu'elle parachève, l'apport de la dot se complétait obligatoirement, par l'apport d'une donation d'abord égale *in quota* et finalement égale *in quanta*. D'où la conséquence que le régime de séparation de biens s'imposait dès qu'un des conjoints était pauvre(5).

(1) L. 9, C. V, 14.
(2) L. 10, C. V, 3.
(3) L. 20, C. V, 3.
(4) Bruns et Sachau, *Syrisch-römisches Rechtsbuch*, Leipzig, 1880, p. 295 et s.
(5) A l'appui de cette interprétation on tirerait argument de ce qu'on lit

Mais à interpréter ainsi la novelle on n'apercevrait qu'une partie de la vérité.

On doit reconnaître que la donation *p. n.* implique nécessairement une constitution de dot (1). Justinien ne peut pas exprimer une autre idée quand il écrit que la donation *p. n.* est une contre-dot, qu'elle se fait *propter dotis dationem*, *propter dotem jam conscriptam*, et quand il observe que si la dot n'est pas prestée, la femme ne peut rien réclamer sur la donation (2). C'est parce que la femme pauvre n'a pu constituer une dot que son mari, quoique riche, ne peut lui assurer de gain de survie dans le contrat de mariage. En effet, le gain de survie se prend sur la donation *p. n.* Sans dot, pas de donation possible. Justinien dut venir au secours de l'*uxor pauper* en lui assurant un gain légal sur le patrimoine du mari (3). On objectera peut-être que le mari pauvre avait aussi reçu un *lucrum ex lege*, et que lui aurait pu, en se mariant, recevoir une dot, sans fournir une contre-dot, que, par conséquent, sa pauvreté ne faisait pas obstacle à ce qu'il s'assurât, par contrat de mariage, des *lucra ex dote*. Mais justement, la quarte du mari manquant de base logique, ne put subsister. Justinien la supprima (4).

Je viens de faire allusion à la possibilité d'un mariage avec dot sans contre-dot. Insistons sur cette possibilité.

Pendant des siècles les Romains s'étaient contentés du régime dotal ordinaire : la femme constituait une dot et ne recevait aucune donation, j'entends aucune donation ayant

à la fin du chap. I : L'époux riche qui veut se montrer libéral envers son conjoint pauvre trouvera dans les lois des moyens autres que la promesse d'un *lucrum nuptiale*. L'époux riche ne peut donc constituer un gain de survie au profit du conjoint pauvre. Pourquoi? Il semble que la réponse serait celle-ci : Parce que la loi interdisait à l'époux riche de constituer seul l'apport *ad onera matrimonii sustinenda*.

(1) Accarias, *Précis de droit romain*[4], I, p. 832.

(2) L. 20, C. V, 3; Nov. II, 5, LIII, 6 § 2. Aussi à défaut de dot, pas d'*instrumenta nuptialia*, l. 11, pr. C. V, 17.

(3) Nov. LIII, 6.

(4) Nov. CXVII, 5.

le caractère d'une contre-dot. Pour assurer à la femme, en cas de survie, une portion du patrimoine marital, il n'y avait qu'un procédé pratique : le legs (1). Quand le mari était honnête homme et la femme confiante, cela suffisait et suffit encore au VIe siècle. Mais, comme avec l'affaiblissement de l'esprit de famille, les femmes devenaient méfiantes et les maris indifférents, la coutume introduisit dans les contrats de mariage une nouvelle précaution, ce que Justinien appelle un *remedium nuptiale* (2). On créa ainsi peu à peu, à côté du régime dotal ordinaire, un régime dotal nouveau avec dot et contre-dot. Les parties pouvaient choisir entre l'un ou l'autre régime suivant leur intérêt ou leur goût (3). Elles pouvaient même adopter un troisième régime sans dot ni contre-dot, le régime de séparation de biens (4). Il n'était pas d'ailleurs interdit, dans une certaine mesure, aux époux qui reconnaissaient, *constante matrimonio*, avoir, au début, mal choisi, de modifier leur régime matrimonial et, par exemple, de passer du régime dotal ancien ou du régime de séparation de biens au régime dotal nouveau (5). Il ne faudrait pas objecter que la Novelle XCVII veut une dot et une contre-dot. Ce serait mal comprendre l'ordonnance (6). Justinien, dans la préface, ex-

(1) L. 2, D. XXIV, 2; L. 32 § 6, D. XXXII. Cf. Esmein, *Le testament du mari et la donatio ante nuptias*, dans ses *Mélanges d'histoire du droit*, p. 49 et s.

(2) L. 20 C. V, 3. Cf. Hoffmann, *Dissert. de differentiis juris Rom. et Germ. in doctrina de donationibus p. n.* Lipsiae, 1727, p. 17.

(3) L. 19 § 1, C. V, 3 : ... interdum accedit ante nuptias quidem donationem nullam esse, solam vero dotem marito mulierem obtulisse, cf. l. 20, C. V, 3.

(4) Julien, *op. cit.*, XLVII, 6 : *Si* (mulier) *inops non sit neque dotem dedit*; L. 11 pr., C. V, 17 : ....*Etiam si dotalia instrumenta non intercesserint nec dos data fuerit*. Cf. Nov. LVI, 6, 2.

(5) D. XXIII, 4, 12 § 1; Paul, S. R. II, 21^b; L. 20, C. V, 3.

(6) On ne doit donc pas prendre à la lettre la scholie de Balsamon sur le *Nomocanon* de Pothius, XIII, 4 (*Bibliotheca juris canonici veteris... opera G. Voelli, H. Justelli*, II, 1098 ; Rhalli et Potli, Σύνταγμα τῶν θείων καὶ ἱερῶν κανόνων, I, 298) dont voici un fragment en partie reproduit au *Prochirum auctum*, XII, 38 : Ἐρωτῶ δὲ τῆς ριζ' νεαρᾶς τοῦ βασιλέως κυροῦ

plique pourquoi il légifère. Il veut faire cesser le ridicule de la règle *Leoniana* (1) qui imposait, sans l'imposer sérieusement, l'égalité des apports et des gains.

Il ordonne en conséquence une égalité véritable, absolue. Rien de plus. La novelle est écrite pour le régime matrimonial ordinaire, pour le cas où les parties ont voulu en quelque sorte constituer un patrimoine de communauté destiné à supporter les charges matrimoniales (2). Elle n'est point écrite pour le cas où les époux adoptent le régime dotal ancien avec dot unique. Il n'y a plus alors de ridicule à faire cesser ni d'application dérisoire de la loi.

Je trouve une confirmation indirecte de ce qui précède dans la pratique de la *donatio a. n. in dotem redacta.*

C'était, au temps de Justinien, un procédé vieux de plusieurs siècles, que celui de transformer en dot la donation à cause de noces. Le futur époux donnait des biens à sa fiancée

Λέοντος τοῦ φιλοσόφου λεγούσης ἐξ ἀποκάρσεως τοῦ ἀνδρὸς μὴ διδοσθαι ὑπόβολον τῇ γυναικὶ, καὶ τῆς αϐ' νεαρᾶς τοῦ βασιλέως Ἰουστινιανοῦ διοριζομένης τὰ γραφένθα ἄνωθεν, ἀπαιτηθήσεταί τι παρὰ τῆς γυναικὸς χάριν ὑποβόλου ἐκ τοῦ ἀποκαρέντος ἀνδρός, ἢ οὔ; Λύσις. Τὸ παλαίον οὐκ ἀπὸ συμφώνου ἐδίδοτο τὸ ὑποβολον, ἀλλ' ἀπὸ τοῦ νόμου· εἴ τι γὰρ ἡ γυνὴ ἐδίδου χάριν προικός, τοσοῦτον καὶ ὁ ἀνὴρ ὑποβάλλειν ποσὸν εἰς τὴν κοινὴν περιουσίαν ἠναγκάζετο, ὅθεν καὶ ὠνομάσθη· τοῦτο δὲ ἀνῃρέθη· καὶ σήμερον τοιοῦτον ὑπόβολον ὁ ἀνὴρ οὐ δίδωσιν, ἀλλ' ἀπὸ συμφώνου δίδωσί τι μέρος ὅσον συμφωνήσει ἐκ προτελευτῆς τῇ γυναικί· εἰ δὲ μὴ συμφωνήσει δοῦναι τι ὑπὲρ ὑποβόλου, οὐκ ἀναγκασθήσεται δοῦναί τι. Νομίζω οὖν ὅτι ἡ μὲν νεαρὰ τοῦ βασιλέως κυρίου Λέοντος τοῦ φιλοσόφου περὶ τοῦ ὑποβόλου φησὶ τοῦ ἐκ τοῦ παλαιοῦ νόμου ἐπιγινωσκομένου καὶ ἐξ ἀνάγκης διδομένου· ἡ δὲ νεαρὰ τοῦ βασιλέως Ἰουστινιανοῦ περὶ τοῦ κέρδους τοῦ ἐκ προτελευτῆς κατὰ τὸ σύμφωνον διδομένου... Il est clair que Balsamon parle de ce qu'il connaît mal et comprend peu. Déjà Zachariæ avait remarqué, J. G. R., 4, III, p. 225, n. 13, que Balsamon prenait la Novelle 117 de Justinien pour une Novelle de Léon le Sage. En outre, Balsamon paraît méconnaître le sens de la Nov. 97 et croire qu'elle impose le mariage avec contre-dot, tandis qu'elle impose seulement, dans le cas de contre-dot, une contre-dot égale à la dot. Il ne faut pas attacher beaucoup d'importance, pour l'interprétation de la Novelle 97, à un texte écrit au XIIe siècle et reproduit, au XIVe siècle, par l'auteur du *Prochirum auctum.*

(1) Nov. XCVII, ch. 1, ... καταγέλαστος... ὁ νόμος..

(2) *Prochir. auctum,* XII, 38 : ...εἰς τὴν κοινὴν περιουσίαν.

et celle-ci se constituait en dot les biens donnés, souvent en y ajoutant des biens personnels. Que ce procédé eût été assez répandu aux IVe et Ve siècles, c'est ce dont témoignent les constitutions du Code (1). Le titre du Code qui a pour objet les donations à cause de noces s'ouvre sur une hypothèse de *donatio a. n. in dotem redacta* (2).

Au reste, il est clair qu'on a affaire à une variété de la dot ordinaire. Il n'y a qu'un seul apport qui est une dot. Et de même que le système dotal classique, cette variété est encore en usage sous Justinien. Löhr a eu tort de soutenir le contraire (3).

Non seulement la donation *a. n. in d. redacta* est licite au VIe siècle, mais l'usage en est devenu plus aisé puisqu'un simple pacte suffit désormais à constituer une donation. On écrira, dans le contrat de mariage, que le mari fait telle donation et que la femme se constitue en dot les biens donnés. Aucune tradition n'est nécessaire (4).

Mais s'ensuit-il que la donation *a. n. in dot. redacta* soit habituelle au VIe siècle ? Je n'en crois rien (5). Si la donation *in d. red.* eût été fréquente au temps de Justinien, ce prince, auteur de tant de textes et si copieux sur le mariage, la dot, la donation à cause de noces, s'en serait occupé autrement que pour la mentionner une fois, dans une ligne de la Novelle XXII, ch. 24. Il eût, sur ce point, rédigé au moins une ordonnance pour faire apparaître « son amour de la justice et de la vérité ».

(1) C. V, 9, 5 (439) : Licet res ante nuptias donatae, *ut assolet fieri*, in dotem a muliere redigantur. Cf. Löhr, *op. cit.*, XVI, p. 1 ; Ed. Cuq, *Les institutions juridiques des Romains*, II, p. 810 ; Girard, *Manuel élémentaire de droit romain*, p. 962, n. 5.

(2) L. I, C. V, 3. Cf. D. V, I, 2, 12, pr.; Paul, S. R. II, 23, 7.

(3) Cf. *Archiv. f. civ. Praxis*, XI, I. La Nov. Maj. VI, 9, citée par Löhr, ordonne que les apports soient égaux : il n'y a pas là de quoi légitimer l'affirmation de Löhr.

(4) Cf. Löhr, *op. cit.*, XV, p. 455.

(5) M. Brandileone, *op. cit.*, est d'une opinion contraire. Ni pour le VIe siècle, ni pour les siècles postérieurs, je ne crois au rôle que ce savant fait jouer à la *donat. in dot. redacta*.

Le silence d'un législateur qui est accoutumé de parler avec tant d'abondance, prouve, selon moi, péremptoirement, le peu d'intérêt qu'offrait, sous Justinien, la donation à cause de noces réduite en dot. Le mari aimait mieux laisser aux biens qu'il donnait *p. n.* leur véritable caractère. Son intérêt à agir ainsi était évident. En consentant à la transformation en dot de biens donnés par lui, le mari les perdait définitivement, puisque le droit commun restituait la dot à la femme ou à ses héritiers (1). Cependant après la promulgation de la Novelle XCVII, la règle de l'égalité absolue des apports dut quelquefois avoir pour résultat d'amener les époux à réduire en dot la donation *p. n.* Quand le mari était trop pauvre pour constituer une donation égale à la dot (2), il fallait bien alors choisir entre le régime dotal ancien ou le régime de séparation de biens. On conçoit que ce dernier régime ne fût pas toujours du goût du mari. C'est donc au régime dotal ancien qu'on s'arrêtait. L'amour-propre aidant, le mari donnait quelque bien, la femme ajoutait ce bien à sa dot et constituait avec le tout une masse dotale qu'à la mort du mari la femme reprenait, et sur laquelle, en cas de prédécès de la femme, le mari prélevait les *lucra* convenus au contrat.

Sur un point seulement la logique avait fléchi devant la volonté impériale. Une loi de 382 (3) avait enlevé à la veuve qui, ayant des enfants, se remariait, la nue propriété des biens venant du premier mari. Naturellement, sur ses propres biens, la veuve gardait la propriété pleine, donc, sur ses biens dotaux. Or, il était habituel, à la fin du ɪvᵉ siècle et au début du vᵉ (4), de transformer la donation en dot. La loi de 382 resta donc sans grand effet pratique. Théodose II intervint en 439, et décida que la mère remariée perdrait la nue propriété de sa dot dans la mesure où celle-ci n'était qu'une *donatio a. n. in*

(1) L. 1, § 6 C. V, 13.

(2) Nov. XXII, ch. 31 :... Εἰ γὰρ ἄμετρον ἐπιδοίη τὴν προῖκα... ὁ γονεύς.

(3) C. Th. III, 8, 2; C. J. V, 9, 3.

(4) V. p. 451, n. 1.

dotem redacta. La décision fut maintenue par Justinien (1).

Après ces explications sur la portée de la Constitution *Leoniana* et de la Novelle XCVII, ch. I, nous sommes en mesure de répondre à la question posée au début de ce paragraphe. Dans le système dotal *ex jure novo*, le *casus n. ex. lib.* ne peut être établi au profit d'un conjoint sans être établi au profit de l'autre. Avant la Novelle XCVII, il suffisait que les deux *casus* s'exprimassent par une même fraction, l'un de la dot, l'autre de la contre-dot. Depuis la Nov. XCVII, ils doivent être absolument égaux. Cela est nettement confirmé par le scoliaste de l'Epanagoge (2), et n'est d'ailleurs que la conséquence des règles générales. Aussi peut-on remarquer que le rédacteur des Novelles, ou désigne le bénéficiaire du *casus* simplement par le mot *parens*, V. Nov. XXII, ch. **26**, ou, s'il a parlé de la femme, se hâte d'ajouter que la même décision s'applique au mari, V. Nov. **11**, **2** pr. et § **1**. — Quand la femme est mariée sous le régime dotal ancien, il ne peut y avoir de *casus* pour elle puisqu'il n'y a pas de patrimoine où le prendre. On ne conçoit de *casus* qu'au profit du mari. C'est d'un tel *casus* qu'il était question dans plusieurs textes. Le scoliaste de l'Epanagoge paraît bien, quand il déclare que *de son temps* on n'établissait plus de *casus* au profit du mari, sous-entendre que jadis il en était autrement, quel que fût le régime dotal adopté (3). Que si les Novelles de Justinien ne disent rien expressément du *casus* stipulé par le mari marié sous le régime

(1) C. V, 9, 5; Nov. XXII, 24. Un juriste byzantin du XIe siècle, Eustathe Romain, a résumé dans une scolie citée par Cujas, et souvent depuis Cujas, tout le système de la *don. p. n. in dotem redacta*. Voici cette scolie d'après Heimbach, *Bas.* III, p. 323 : Ἔθος ἦν ἐν τοῖς γάμοις τοιοῦτον, ἵνα ὁ ἀνὴρ πρὸ τοῦ γάμου δωρῆται τῇ γυναικὶ πράγματα, καὶ ἡ γυνὴ ταῦτα τὰ πράγματα λαμβάνουσα ἐπιδῷ τῷ ἀνδρὶ ὡς εἰς προῖκα μετὰ τῶν ἄλλων παρ' αὐτῆς παρεχομένων ἐν προικί. φησὶ τοίνυν ἡ νεαρά, ὅτι, κἂν τὰ μάλιστα δοκῇ ἡ προγαμιαία δωρεὰ ἐν προικὶ ἀνάγεσθαι παρὰ τῆς γυναικός, καὶ ὡς προὶξ παρὰ τοῦ ἀνδρὸς ἀναλαμβάνεσθαι, ὅμως φυλαττέσθω τοῖς παισὶν ὡς πατρῷα ὕπαρξις παρὰ τῆς μητρός...

(2) XIX, **1**, Scolie *a*.

(3) V. p. 439, n. **1**.

dotal ancien, c'est parce que, sous Justinien, ce régime est peu employé[1]; c'est aussi parce que, des trois Novelles où le *casus* ἐξ ἀπαιδίας est mentionné, la Novelle II est rendue à propos du litige d'une veuve, la Nov. LXVIII est rendue pour trancher des questions de rétroactivité, et la Novelle XXII statuant d'une manière générale, sur tout *parens* bénéficiaire du *casus*, sous-entend l'adoption du régime dotal nouveau avec dot et contre-dot.

Enfin les époux peuvent être mariés sous le régime de séparation de biens : sous ce régime il n'y a de *casus* pour aucun des conjoints [2].

§ V.

Le *pactum n. ex. lib.* se retrouve dans l'affaire célèbre qui donna à Justinien l'occasion d'écrire la Novelle II [3].

C'est en mars 535, sous le consulat de Bélisaire, que la Novelle II fut rendue, donc avant les Novelles XXII, XCVIII, CXVII, CXXVII. La Novelle II est, au jugement de Cujas, bon connaisseur, plus difficile que toutes les autres Novelles [4], et comme la Novelle XXII la rendit à peu près inutile, les explications qu'en donnent Julien, Théodore, Athanase, se réduisent à peu de chose.

La Novelle II contient cinq chapitres [5]. Par erreur, on lui en a donné parfois quatre seulement. L'erreur est favorisée par la *Brevis divisio Novellarum* [6] qui désigne comme cha-

(1) V. p. 451, *supra*.

(2) Cf. Theod. Herm., XXII, 29 : οἱ γονεῖς; Julien, *op. cit.*, II, 2.

(3) Nov. II, *praefatio :* εἰς τόνδε ἡμᾶς τὸν νόμον ἐκάλεσεν. On sait que l'Empereur peut faire une loi *pendentibus negotiis*, L. 7, C. I, 14.

(4) *Expos. Novell*, p. 897 : *Difficilior est cæteris omnibus*.

(5) Les Grecs en comptent six : le premier commençant aux mots Γρηγορία γὰρ ἱκέτευσε du préambule.

(6) V. Heimbach, *Anecdota*, II, p. 234-237. La σύντομος διαίρεσις τῶν νεαρῶν est vraisemblablement du xe siècle. Elle fut d'abord éditée, en 1836, par Berger *ex literis Tanneberg* sous le titre inexact de *Pselli libellus de Novellis Justiniani.*

pitre 4 le seul chapitre inséré, après rattachement à la Nov. XCI, dans la compilation des Basiliques. La vérité est que la Nov. II contient cinq chapitres. C'est le cinquième qu'on retrouve aux Basiliques (1). Ce sont précisément les quatre autres qui nous intéressent.

Essayons de débrouiller, en nous aidant des renseignements fournis dans la préface, l'objet du procès, les arguments et les conclusions des litigants.

Grégoria s'était mariée sous le régime dotal nouveau, c'est-à-dire avec dot et contre-dot. Il avait été convenu que, le mari prédécédant, Grégoria, si elle avait des enfants, prendrait comme gain de survie l'entière donation *p. n.* et si elle n'avait pas d'enfants, une part de la donation comme *casus* ἐξ ἀπαιδίας. Grégoria eut de son mariage un fils et une fille, puis perdit son mari. Le fils ayant montré beaucoup d'attachement pour sa mère (2), Grégoria voulut honorer sa piété filiale et lui abandonna en nue propriété les biens donnés à cause de noces. Qu'un tel abandon fût licite, rien de plus assuré. En 535, la mère a la pleine propriété des *lucra ex donatione* : en l'espèce, le *lucrum* c'est toute la donation *p. n.* Le fils mourut ensuite *intestat*, sans enfants, laissant une succession composée de biens venant du patrimoine paternel (biens profectices) et de biens venant d'ailleurs (biens adventices).

Le rédacteur de la Novelle observe que le droit ancien et le droit de Justinien s'accordaient pour régler la succession. Rappelons brièvement la *lex antiqua* et la *lex nova* (νόμος, ὅτε ἀρχαῖος, ὅτε ἡμέτερος).

La *lex antiqua*, c'est-à-dire le sénatus-consulte Tertullien, écartait la mère quand le défunt laissait des frères, et, sous certaines conditions, donnait à la mère la moitié quand le défunt ne laissait que des sœurs (3). Le *jus novum*, au con-

(1) V. Basil. XXXVIII, 13 (Heimbach, III, 318). Cf. la scholie du *Venetus* reproduite dans l'édition des Novelles de Zachariæ, I, p. 29, n. 1.

(2) ... πολλῆς δὲ παρὰ τοῦ παιδὸς πειρωμένη τῆς εὐνοίας.

(3) Ulpien, *Reg.*, XXVI, 8 ; Inst. III, 3, 4.

traire, admettait la mère à concourir avec les frères comme avec les sœurs, mais concourant avec des frères ou des frères et sœurs, la mère ne prenait qu'une part virile (1). Ces règles si simples se compliquaient en cas de secondes noces. On distinguait alors suivant que la mère s'était remariée avant ou après la mort de son enfant (2).

a) Si les secondes noces ont eu lieu avant le décès, la mère ne succède jamais qu'en usufruit : point de distinction entre les biens profectices et adventicés de la succession. La nue propriété est pour les autres enfants du premier lit (3).

b) Si la mère s'est remariée après la mort du fils, on ne peut considérer que les secondes noces ont offensé le fils (4), le législateur se fait plus clément. La mère a sa part héréditaire des biens adventices en pleine propriété. Mais quant aux biens profectices, elle n'en peut avoir que l'usufruit (5). Il y a donc, pour bien fixer les droits de la mère dans toutes les hypothèses, à faire une triple distinction : la *differentia bonorum* (les biens sont profectices ou adventices), la *differentia temporis* (le fils est mort avant ou après le second mariage de la mère), la *differentia viduitatis et secundarum nuptiarum* (la mère s'est remariée ou non).

Mais revenons à Grégoria. Son fils était mort intestat, sans enfants. Il laissait comme héritiers légitimes, pour parts égales, sa mère non encore remariée et sa sœur. Grégoria devait donc prendre, *pleno jure*, la moitié des biens adventices et des biens profectices. Or, elle avait gardé, au moment de l'abandon de la donation *p. n.* à son fils, l'usufruit de tous les biens donnés. Elle devenait donc, par consolidation, pleinement propriétaire d'une moitié. Cela ne fit d'abord aucune dif-

(1) L. 7 C. VI, 56, *ad S.-C. Tertull.*

(2) L. 3 § 1 C. V, 9.

(3) Même règle si la mère venait *ex testamento*, l. 3 § 1 C. V. 9.

(4) Que les secondes noces soient une offense pour les enfants du premier lit, c'est ce qui est dit souvent par Justinien, V. Nov. II, 1 ; Nov. XXII, 23 et 25.

(5) L. 5 (*mater*), C. J. VI, 56.

ficulté [1]. Mais Grégoria se remaria. Sa fille aussitôt s'avisa de réclamer la totalité (en nue propriété) des *res donatæ p. n.*, disant qu'une mère remariée ne pouvait avoir sous aucun prétexte (καθ' οἷον δήποτε λόγον) la propriété pleine des biens donnés *p. n.* Grégoria résistait. Elle prétendait avoir *jure successionis* la nue propriété de la moitié des *res donatæ p. n.* (d'où consolidation pour moitié). Elle restait usufruitière seulement pour l'autre moitié. Grégoria représentait qu'il n'était pas juridique de parler, quant à la nue propriété, de *res donatæ p. n.*, les biens donnés s'étant mêlés aux autres biens composant le patrimoine du défunt [2].

A quoi la fille, élargissant le débat, répondait en contestant à la mère un droit héréditaire sur tous les biens profectices. Grégoria, disait-elle, non remariée, eût, sans doute, hérité pour moitié, conformément à la constitution de Justinien [3], mais étant remariée, Grégoria devait perdre ce que le fils avait acquis *ex patrimonio paterno*. Tout de même que le fils étant mort après le second mariage, elle eût perdu tous les biens adventices du fils. La fille ajoutait que cela avait été décidé par deux constitutions antérieures [4]. Et Justinien de convenir que ces deux constitutions étaient un appui solide pour la fille (μάλα ἰσχυρῶς). Mais Grégoria, en femme avisée, répliquait que les deux ventes donnaient des solutions trop dures, et peu en harmonie avec la douceur et la clémence du siècle de Justinien [5]. Elle ajoutait que la constitution de Justinien déjà alléguée ne contenant aucune distinction, ne pouvait être fractionnée par des constitutions antérieures [6] ni varier

(1) ... οὐδὲν ἄν τὸ ζητούμενον ἦν.

(2) ... ἡ μήτηρ οὐκ ἔτι τοῦτο προγαμιαίαν εἶναι δωρεὰν παντελῶς ἀξιοῖ, συναναμεμίχθαι δὲ ἤδη τοῖς πράγμασι τοῦ παιδός...

(3) L. 7, C. VI, 56.

(4) Τοῦτο τῶν διατάξεων ἀμφοτέρων βουλομένων. — Il s'agit de la loi *Feminæ*, C. J. V, 9, 3 et de la loi *Mater*, VI, 56, 1. V. ch. III de la Novelle.

(5) ... ἀπηνῶς ἔχειν τὰς διατάξεις καὶ ἀναξίως τῶν φιλανθρώπων ἡμῶν ἰσχυρίζεται χρόνων.

(6) ὑποδιαιρεῖσθαι, *subdividi*, *limitari*.

quant à ses effets suivant qu'il y avait secondes noces ou non et suivant que le fils était mort avant ou après les secondes noces. De surcroît, elle tirait argument de l'*electio* qu'elle avait faite auparavant de son fils en lui attribuant la nue propriété de la donation *p. n.* La part à laquelle Grégoria prétendait dans la succession n'était qu'une récompense, une rémunération, non une véritable acquisition gratuite, non un lucre sans cause et sans raison (1). Il était étrange de soutenir le contraire (2).

Il est clair que la prétention de la fille était juste. A bon droit elle demandait que Grégoria fût privée de l'entière nue propriété de tous les biens profectices et non pas seulement de celle des biens jadis donnés à cause de noces.

Mais alors pourquoi Justinien a-t-il si longtemps examiné l'affaire (3)? Pourquoi a-t-il jugé bon de faire une loi afin de contraindre les juges à donner en partie raison à Grégoria? On lit, au chap. 3 de la Novelle, qu'il ne faut pas rendre trop dures les peines des secondes noces. Justinien a-t-il été vraiment touché par cette raison? Je doute. Une raison sérieuse crée une conviction durable, et Justinien n'attendra pas un an pour changer les règles de la Novelle II. Peut-être Grégoria était-elle protégée par Théodora. Peut-être avait-elle usé à l'égard de conseillers influents de l'empereur de ces moyens de persuasion qui orientaient vers le plus offrant les convictions de Tribonien (4). Ou bien Justinien

(1) ... ἀντιδωρεὰν μᾶλλον ἤπερ... κέρδος ἀσυλλόγιστον.

(2) ... ἐνταῦθα δὲ καὶ τι ξένον ὕπεῖναι.

(3) Ταῦτα ἡμεῖς ἐπὶ πολὺ κατεξετάσαντες, καὶ τὴν ὅλην τῶν τοιούτων ἐπιλογῶν τε καὶ κληρονομιῶν θεωρίαν ἀνασποπούμενοι.

(4) Cf. Harmenopule, *Prompt.*, I, 1, 6. Cf. Diehl, *Justinien et la civilisation byzantine*, Paris, 1905, p. 102. En 535, Tribonien était questeur, Jean de Cappadoce préfet du prétoire, le Hun Hermogène, maître des offices (c'est à lui que la Novelle II est adressée, toutefois un autre exemplaire de la Novelle fut adressé à Jean de Cappadoce, le *Venetus* porte en effet : τὸ ἴδικτον προς Ιωάνην ἔπαρχον PRαιτοRίων τὸ β′ ἔχει DAT. IV Non.), Strategius était comte des largesses sacrées, Florus, comte du domaine privé. Tous étaient à vendre.

a-t-il été touché dans sa vanité par les directes allusions à l'humanité de son règne, et piqué puérilement de la prétention émise par la fille de Grégoria d'écarter une constitution de Justinien au profit de constitutions antérieures. Quoi qu'il en soit, Justinien ne voulut pas d'une victoire complète de la fille. Il distingua, dans la succession du fils, parmi les biens venant du père, ceux qui avaient composé la donation *p. n.* et les autres biens profectices. Grégoria ne pourra garder ceux de la première catégorie, mais il serait trop dur, trop en désaccord avec l'humanité et la douceur du règne (1), que Grégoria fût privée de sa part héréditaire en propriété sur les biens profectices de la seconde catégorie.

Pour masquer ce que son ordonnance avait de personnel, Justinien y fit entrer quelques décisions d'intérêt général.

a) Le droit d'*electio* est supprimé (2). L'époux, qui, se remariant, perd la nue propriété des biens donnés par le conjoint décédé, ne pourra plus tout de même disposer de ces biens en faveur d'un des enfants du premier lit, ni, *a fortiori*, partager ces biens *arbitratu suo*. Les enfants du premier lit ayant tous également ressenti l'injure des secondes noces prendront une part égale sur les biens venus de leur auteur décédé (3).

b) La loi *Feminæ* n'est pas seulement modifiée quant au *jus eligendi*, elle l'est encore, ainsi que la loi *Mater*, C. VI, 56, 5, quant à la distinction des biens adventices et profectices. On a déjà vu que les biens profectices autres que ceux composant la donation *p. n.* seront traités comme des biens adventices. Le chap. 3 de la Novelle est vraiment plaisant à lire. Justi-

(1) Nov. II, 3.

(2) V. Nov. II, ch. 1 et ch. 2, § 1, et C. V, 9, 3, 5,

(3) Justinien répétera la prohibition d'*eligere*, Nov. XXII, ch. 25. Si l'un des enfants meurt et laisse lui-même des enfants, ceux-ci prennent sa place et partagent sa part. La propriété est réservée aux enfants, même s'ils ne font adition ni de l'hérédité du prémourant ni de celle du postmourant, Nov. XXII, ch. 26, § 1.

nien y noie sa décision dans un verbiage où passent toutes sortes de choses hors de propos : l'éloge des vierges et des femmes qui ne se marient qu'une fois et des observations sans originalité sur la difficulté qu'éprouvent les jeunes gens à rester chastes. Il semble vraiment que Justinien éprouve quelque honte de la décision qu'il rend. Quelle différence de ton lorsque, dans la Novelle XXII ch. 46, Justinien abandonne la doctrine de la Novelle II, la phrase devient aussitôt claire et va droit au but (1).

On y aperçoit tout de suite que des trois distinctions (*distinctio temporis*, *viduitatis*, *bonorum*) supprimées par la Novelle II au profit de Grégoria, une seule va rester définitivement abolie, la *distinctio temporis*, les deux autres sont rétablies. Sous le régime de la Novelle XXII, les femmes dans la situation de Grégoria devaient perdre l'espoir de réussir comme elle.

c) Justinien modifie les règles concernant certaines garanties (2) à donner aux enfants du premier lit pour les choses que la mère survivante et remariée doit leur rendre en mourant, donc pour les *res donatæ p. n.* Léon (3) avait décidé ceci : la mère jouissait des immeubles, *annonæ civiles* et *mancipia* attachés aux fonds (4) comme un usufruitier, mais sans donner caution. Quant aux meubles, un arbitre les estimait après serment, et la femme devait sous satisdation les rendre à son décès ou leur valeur *secundum modum legum*. Ces derniers mots ont été ajoutés par Tribonien pour faire cadrer la loi de Léon avec la constitution grecque *de casu* ἐξ ἀπαιδίας.

(1) On retrouve le législateur qui écrira Nov. CVII, ch. 1, que le propre des lois c'est la clarté : οὐδὲν γὰρ οὕτως ἴδιον νόμων ὡς σαφήνεια.

(2) Il y a des sûretés dont la Nov. II ne parle pas et que, par suite, je laisse de côté, telle l'hypothèque générale sur les biens du père ou de la mère, qui garantit aux enfants leur droit sur les *lucra*, L. 6, § 2, 8, § 4 et 5, C. V, 9; Nov. XXII, 24; Nov. XCVIII, 2.

(3) Cf. C. J., V, 9, 6, et sur le texte, Cujas, *Recitationes solemnes in lib. V Codicis ad tit.* 9, Modène, 1780, IX, p. 435.

(4) Julien, *op. cit.*, VII, 5 : *membra rerum immobilium*.

A défaut de satisdation, les enfants gardent les meubles et payent un intérêt de 4 0/0, mais en donnant eux-mêmes satisdation à leur mère. Si ni mère ni enfants ne donnent satisdation, la mère sera préférée quant à la possession. — A ces mesures prises par Léon, la Novelle II apporte une légère modification : si les *res mobiles* ne sont pas de l'argent qu'on puisse compter à la femme, celle-ci ne pourrait plus choisir, de garder les meubles ou de recevoir un intérêt, elle n'aura jamais que l'intérêt à 4 0/0.

d) Justinien, enfin, au chapitre 5 de la Novelle II formule une règle équitable : la femme qui a promis une dot ne peut avoir sur la contre-dot de *lucra* que dans la mesure où la dot a été effectivement prestée. Il faut bien entendu excepter le cas où le mari est en faute de n'avoir pas reçu la dot (1).

§ VI.

Il nous reste à examiner, dans la Novelle II, la partie qui concerne le *pactum n. exist. lib.* Par là, nous sommes conduits à préciser les effets de ce pacte. Ce que nous dirons de la femme devra, *mutatis mutandis*, être étendu au mari (2).

On se souvient que Grégoria s'était assuré une part de la donation *p. n.* en cas de non existence d'enfants. Au décès du fils, mort *intestat* et sans enfants, il est certain qu'on n'avait pas appliqué le pacte, puisque, lors du second mariage de Grégoria, le chapitre 1er nous dit que toute la nue propriété de la donation *p. n.* (ἡ δεσποτεία τῆς προγαμιαίας δωρεᾶς ὅλη) allait à la fille. C'est la preuve qu'en 535, on appliquait le pacte ἐξ ἀπαιδίας littéralement. Tant qu'un enfant restait, le conjoint survivant ne recevait rien à titre de *lucrum ex orbitate*. Mais que la fille vînt à mourir, elle aussi, avant Grégoria, le pacte produisait ses effets : Grégoria gardait quoique remariée le *lucrum* convenu en pleine pro-

(1) Cf. Nov. XCI, 2; Nov. C.

(2) Nov. II, ch. 2, § 1 : καί ὁ νόμος οὗτος ἐφ' ἑκατέρου κείσθω προσώπου.

priété, et le reste des biens de la fille prédécédée allait à ses héritiers. C'était là, écrit Justinien, l'application de la constitution que lui-même avait rendue *de pacto orbitatis* (1).

Supposons, avec la Nov. II, ch. 2, que Grégoria, au lieu d'abandonner la donation *p. n.* à son fils, en eût transféré la propriété à un tiers. L'effet de l'aliénation, une fois Grégoria remariée, fût resté en suspens (ἐν μετεώρῳ καὶ τὰ τῆς ἐκποιήσεως... μενεῖ). Grégoria mourant avant ses deux enfants, l'aliénation tombait en entier, car, par son second mariage, Grégoria avait cessé d'être propriétaire et n'avait pu disposer que comme usufruitière. Si, au contraire, Grégoria survivait non seulement à son fils, mais à sa fille, le *pactum orbitatis* sortissait son plein effet : pour la portion de biens qu'il réservait à Grégoria sur la donation *p. n.*, l'aliénation subsistait ; pour le reste l'aliénation tombait, sauf bien entendu, si Grégoria héritait de sa fille et dans la mesure où elle en héritait.

Il reste donc établi qu'en 535, après la constitution grecque *de casu orbitatis* signalée par la Novelle II, le pacte ne s'appliquait pas encore distributivement, *pro rata*. On donnait au mot ἀπαιδία toute sa valeur et tout son sens naturel. Nous en concluons que la restitution proposée par Cujas est inexacte. Ce n'est pas la constitution perdue qui a ordonné d'observer le pacte *pro rata*, suivant que le conjoint, veuf ou veuve, survivrait à un enfant ou à quelques-uns ou à tous. Cette interprétation n'a pu être que l'effet de la Novelle XXII. Au chapitre 26, § 1 de cette Novelle, Justinien déclare qu'il tient à revenir sur la question des aliénations faites par le conjoint survivant. Il n'a rien à ajouter à la Novelle II, si le conjoint prédécède ou survit à tous ses enfants. Mais il y a une hypothèse intermédiaire sur laquelle Justinien, à propos d'une affaire récente (celle de Grégoria), a beaucoup réfléchi.

(1) Nov. II, ch. 1 : — Καὶ κατὰ τὴν ἡμετέραν διάταξιν, εἰ μὲν ἡ μήτηρ προαπέλθοι, τῇ παιδὶ τῆς ὅλης προγαμιαίας δωρεᾶς ἁρμοζούσης, εἰ δὲ ἡ παῖς, μένειν μὲν παρὰ τῇ μητρὶ τὸ ἐκ τοῦ τῆς ἀπαιδίας συμφώνου κέρδος, τὸ δὲ λοιπὸν εἶναι τῆς παιδός...

Qu'on suppose un conjoint autorisé par son contrat de mariage à prendre l'apport entier du conjoint prédécédé, en cas d'enfants, et, sur cet apport, seulement un *casus* en cas d'ἀπαιδία. Qu'on suppose aussi trois enfants nés du mariage et le survivant remarié, donc n'ayant plus que l'usufruit du *lucra*. Un des enfants meurt. Le conjoint est, si l'on peut ainsi parler, *orbus* pour un tiers à moins que l'enfant décédé ait lui-même des descendants qui le remplacent. En conséquence le conjoint prendra en pleine propriété ce qui lui revient sur le *casus*(1), et le reste de la succession de l'enfant ira aux successeurs du *de cujus* légitimes ou testamentaires (2). Dans la mesure où le conjoint survivant bénéficie du *casus*, les aliénations qu'il a pu faire des biens composant l'apport du conjoint décédé seront définitivement valables. Si le conjoint survit à ses trois enfants, les aliénations seront valables pour la totalité du *casus*, car il a aliéné ce dont l'événement prouve qu'il était propriétaire.

Ce qui précède montre que c'est bien par la Novelle XXII que Justinien a prescrit l'observation *pro rata* du pacte *n. exist. lib.* (3). Il ne faut pas objecter ce qu'on lit dans notre chapitre sur la constitution *de pacto orbitatis* aujourd'hui perdue : Καί τοῦτο δὲ ἡμεῖς ἐγράψαμεν ἡμετέρῳ νόμῳ, μεριμνήσαντές τε αὐτὸ καὶ ἐξευρόντες πρῶτοι, καὶ φιλανθρώπως νομοθετήσαντες... La mesure à laquelle Justinien fait allusion n'a pas de

(1) Le scholiaste de l'Epanagoge XIX, 5, scholie *c* (Zach., p. 127, l. 33) donne l'exemple suivant : Le *casus n. ex. lib.* est de la moitié de la donation *p. n.*, laquelle vaut 1.000 nomismes. La mère survit avec cinq enfants et se remarie. Chaque enfant prend en nue propriété 200. Si l'un d'eux prédécède à la mère, celle-ci a 100 en pleine propriété par l'effet du pacte ἐξ ἀπαιδίας.

(2) La Novelle observe justement que la présence d'héritiers limitant au *casus* la part du conjoint survivant est une hypothèse qu'on trouvera plus souvent réalisée quand le conjoint est la mère (ὅπερ μάλιστα ἐπὶ μητρὸς συμβαίνει). Le père en effet, si le fils était en puissance, n'a pas à craindre de testament. Cf. Cujas, *Exp. Novell.*, p. 941.

(3) Aussi est-ce bien à propos de la Nov. XXII que Julien, *op. cit.*, XXXVI, 14, Athanase (Heimbach, I, p. 117), Théodore (Zachariæ, p. 37) signalent l'observation *pro rata*.

rapport avec l'observation *pro rata* du *pactum*. Cette mesure, — la Novelle LXVIII est là-dessus formelle — consistait en ceci : Le conjoint survivant remarié, bénéficiaire de *lucra* dépassant le *casus n. ex. lib.*, s'il survivait à toute sa postérité, ne pouvait plus, comme dans le droit antérieur[1], garder en pleine propriété plus que la part fixée par le *pactum n. ex. lib.*

Comme on vient de le voir, l'application du *pactum n. ex. lib.* permettait d'atténuer les peines des secondes noces d'une manière assez rationnelle. La loi avait puni, dans l'intérêt des enfants[2], le conjoint qui se remariait. La peine consistait à enlever à ce conjoint, au profit des enfants[3], la nue propriété des *lucra*. Le *pactum orbitatis* restituait la pleine propriété, mais seulement pour la part fixée par les époux au contrat de mariage, au fur et à mesure que les enfants disparaissaient avant leur auteur (père ou mère), et proportionnellement au nombre des enfants prédécédés.

Depuis la Novelle XCVIII, ch. 5, § 9, les *lucra nuptialia* appartiennent aux enfants, même quand l'époux survivant ne s'est point remarié. Celui-ci n'a que l'usufruit. Il est clair que l'importance du *pactum n. ex. lib.* augmente, car à chaque décès d'enfant dans les conditions voulues, c'est un *lucrum* en pleine propriété pour le conjoint survivant.

Enfin la Novelle CXXVII, ch. 3, ne fut pas sans effet sur notre *pactum*. Cette Novelle, rendue en 547, donna, comme prérogative au veuf (ou à la veuve) avec enfants qui ne s'est pas remarié une part d'enfants en pleine propriété sur le *lucrum ex dote* ou *ex donatione*[4] en plus de l'usufruit des *lucra*. Prenons encore comme exemple l'affaire Grégoria. Dans le contrat de mariage la femme a obtenu, pour gain de survie, au cas d'enfants, la donation *p. n.* en entier, et, à défaut d'en-

(1) C. J, V, 9, 6. Cfr. Nov. LXVIII.

(2) C. V, 9, 3. Nov. XXII, 22, 23 ; Nov. XCIII, ch. 2, § 1.

(3) Nov. 68, pr... διάταξιν... τὸ... κέρδος τοῖς... παισὶν ὁσίως φυλάττουσαν.

(4) Cf. Julien, *op. cit.*, CXIV, 3 : Lucretur et portionem proprietatis tantum, quantum numerus liberorum ejus concedit, ut ipsa quoque pro uno filio habeatur. — Cf. *Ecloga* II, 9; Nov. 22 de Léon le Sage.

fants, une part, la moitié si l'on veut, de cette donation. Le père prédécède. S'il meurt sans laisser d'enfants, la mère se remariant prendra, grâce au pacte *n. ex. lib.*, en pleine propriété, la moitié de la donation *p. n.;* s'il meurt laissant des enfants, par exemple deux, la mère non remariée aura les **2/3** de la donation en usufruit, et **1/3** en propriété. Remariée, elle a seulement l'usufruit de l'entière donation. Si les deux enfants viennent ensuite à mourir avant la mère, celle-ci, remariée ou non, invoquera le *pactum orbitatis* qui lui donnera la moitié en propriété de la donation. Naturellement il ne peut être ici question de cumuler le pacte en cas d'enfants et le pacte en cas d'ἀπαιδία. Supposons un seul enfant prédécédé, Grégoria est *orba* (qu'on me passe l'expression), *orba* pour moitié et *mater* pour moitié. Le pacte *n. exist. lib.* lui donne la moitié du *casus*, donc, un quart en pleine propriété : mais tant qu'elle n'est pas remariée elle n'a pas intérêt à invoquer le pacte, ayant, en vertu du pacte pour le cas d'enfants, un tiers en propriété. Au contraire si elle se remarie, le pacte *n. ex. lib.* lui sera fort utile, puisque sur le tiers perdu, le pacte lui rend un quart.

Gadet, 20 septembre 1906.

HENRY MONNIER,
Doyen de la Faculté de droit
de l'Université de Bordeaux.

IMPRIMERIE
CONTANT-LAGUERRE
LVX VITAM
CL
BAR-LE-DUC

www.ingramcontent.com/pod-product-compliance
Ingram Content Group UK Ltd.
Pitfield, Milton Keynes, MK11 3LW, UK
UKHW020949220726
13924UKWH00002B/574